DISCOURS

PRONONCÉ AU CONSEIL COLONIAL

par

M. NGUYỄN-TẤN-DƯỢC

Séance plénière du 24 Novembre 1925

Interventions de M. M. GALLET et MONIN

Conseillers coloniaux

Carence du Gouvernement

In tại nhà In XƯA-NAY
62-64, Boulevard Bonnard
SAIGON

1925

NOTICE

Nous n'avons pas édité cette brochure pour livrer nos interventions au sein du Conseil Colonial à une vaine publicité.

Mais la conspiration du silence tramée autour de certains débats par une presse subventionnée à la dévotion du Gouvernement Local nous a fait envisager ce seul moyen de répandre la vérité au sein de la masse libre de la population française et annamite.

Puisqu'il y a dans ce pays "**deux vérités**" que l'opinion publique se prononce elle-même à la lueur des faits qui lui sont soumis !

NGUYỄN-TẤN-DƯỢC.

Conseiller Colonial
Membre de la Chambre
d'Agriculture de la Cochinchine
Ancien Président du Syndicat agricole
de Sadec

In tại nhà in X Ư A - N A Y,
Nguyễn-háo-Đàng 62-64, Bd. Bonnard - Salgon

Nhà In **XƯA-NAY**
62, 64, BOULEVARD BONNARD
SAIGON
Novembre 1925

DISCOURS

prononcé au Conseil Colonial

PAR

M. NGUYEN-TAN-DƯỚC

Messieurs,

Avant la clôture de la présente session, je crois de mon devoir de prononcer quelques paroles dictées par ma conscience. Je ne me fais pas d'illusion sur leur portée, conscient que je suis du rôle très restreint et droits plus limités encore des conseillers coloniaux de Cochinchine.

Notre rôle ? Il consiste à voter le budget local, sans pouvoir rien y change.

Nos droits ? On nous permet d'émettre des vœux.

Quand la mission des représentants élus de la population est si manifestement petite, leur autorité est pratiquement nulle vis-à-vis du gouvernement, dont ils sont censés être les collaborateurs libres et non des serviteurs dociles et intéressés.

Messieurs, à l'ouverture de cette session vous avez écouté la lecture du rapport annuel de M. le Gouverneur de la Cochinchine au Conseil Colonial.

En tant que représentant élu de la population annamite, je vous demande la permission de vous présenter seulement quelques commentaires.

SECURITE — SITUATION POLITIQUE

Le Gouvernement nous assure de la parfaite tranquillité du pays et de la sagesse du "dàn" annamite, désireux avant tout, de travailler en paix à la prospérité de cette terre, sous la loyale protection de la France.

Nous l'en croyons sans peine.

Mais alors comment expliquer les dépenses excessives consacrées à l'Administration de la Police, et et en particulier de la Police de Sûreté ? Ces dépenses se chiffraient en 1925 à 1.140.015 $ elles s'élèvent en 1926 à 1.157.896 $, tandisque l'assistance médicale absorbera seulement 1.084.374 $ en 1926. Ajoutez à ces dépenses les dépenses de gendarmerie et de polices provinciales et communales dont le chiffre de revient nous est totalement inconnu. Cependant nous pouvons affirmer être au dessous de la réalité en évaluant le coût des diverses milices au double des dépenses de police inscrites au budget local.

Certes, nous sommes loin de nous plaindre des dépenses faites pour la répression des crimes et délits, pour assurer la sécurité des routes et des campagnes ; jamais nous ne plaindrons que les gens de la police soient en trop grand nombre pour faire respecter l'ordre, la sécurité et le travail.

Mais faut-il en conclure que cette paix tant vantée se traduit, en fin de compte, par un accroissement de criminalité tel qu'il nécessite pour sa répression un budget supérieur à celui exigé par les secours apportés aux misères et aux souffrances humaines et par l'amélioration de la race annamite ?

(Applaudissements-Murmures)

Faut-il croire plutôt les mauvaises langues, qui affirment, elles, que le gouvernement entretient à grands frais une police politique, destinée à filer ou à traquer des gens dont le seul tort consiste à proclamer des idées considérées à tort ou à raison, comme subversives et à n'être pas à la dévotion absolue des gouvernants du jour ? — (Applondissements)

Le peu d'expérience que j'ai acquise au cours de ma vie politique, me montre que cette dernière supposition est la plus fondée. Depuis quelque temps, ne voyons-nous pas des personnes intéressées créer, contre toute évidence et malgré la tranquillité reconnue dans les discours officiels, un imaginaire péril rouge en Indochine, agiter avec fureur et pour les besoins de leur cause, le spectre échevelé de l'homme au couteau entre les dents ?

Or, le danger bolchevique n'exite pas ici ; il ne peut pas y exister pour quiconque connait tant soit peu la mentalité des indigènes, si attachés à leurs coutumes millénaires et à leurs traditions ancestrales.

Est-ce à dire que fort de cette assurance et de la quiétude que lui confère une population amoureuse de la paix malgré tout, le gouvernement doive, par des erreurs accumulées, aggraver le mécontentement

qui commence à se faire jour dans les cœurs annamites ? — (*Murmures-approbatifs*)

Non, Messieurs. Si le peuple d'Annam n'est pas
mûr pour les opinions ultra-avancées, il ne s'ensuit
pas qu'il faille le jeter de force dans les bras du com-
munisme moscovite en étouffant ses légitimes aspi-
rations.

Car, Messieurs, je dois de proclamer hautement ici
noter désir de consolider l'entente entre nos deux
races dans une harmonie de jour en jour plus af-
fectueuse et si l'écho n'en parvient pas aux hautes
sphères gouvernementales, les plaintes de mes compatriotes de toutes les classes de la société n'en exis-
tent pas moins.

Il suffirait, pour les justifier d'évoquer certains
faits et gestes du pouvoir qui se sont succédés, ces
dernières années, au point que les indigènes se
demandent s'ils sont effectivement gouvernés selon
l'idéal généreux de la France ?

L'intéressante classe des travailleurs du sol mur-
mure tous bas, si par une crainte justifiée, elle n'ose
élever la voix de ses doléances. Cette colonne ver-
tébrale des richesse du pays à laquelle devrait aller
toute la sollicitude administrative, se plaint de l'aug-
mentation incessante des impôts dont elle est victime,
sans qu'il n'en résulte pour elle un accroissement
correspondant des revenus qu'elle demande à la
terre et à son propre travail.

Elle se plaint de l'insuffisance et de l'inefficacité
de secours que lui accorde le gouvernement à la suite
des calamités naturelles telles que : perte de récolte
dûe à la sécheresse et à l'inondation, perte d'ani-
maux de travail en période d'épidémie.

Elle se plaint en outre du manque des canaux
d'irrigation en des endroits qui en demandent depuis des lustres pour leur mise en valeur. Elle se
plaint encore des tatonnements successifs qui accom-
pagnent les travaux d'étude des canaux et des len-
teurs et des incohérences qui président à leur pro-
gramme d'exécution trop fréquemment en harmonie
avec la puissance politique ou la faveur administrative
des riverains. Faut-il pour terminer vous rappeler le
concert de plaintes élevées par les cultivateurs dé-
possédés dans la région de Camau ?

SYNDICAT AGRICOLE.

Dans ce pays essentiellement agricole, des telles institutions méritent tous les encouragements.

Sur les 21 provinces de la Cochinchine comptant environ 1.000.000. d'agriculteurs nous n'avons que 11 syndicats agricoles réunissant 3.939 adhérants. C'est là un nombre notoirement faible. Pour l'augmenter et permettre en même temps à ces syndicats de rendre tout le service qu'on est en droit d'en attendre, il y a lieu de :

1° Réduire et simplifier les formalités à remplir pour leur création et leurs opérations financières ;

2° S'entendre avec la Banque de l'Indochine en vue de réduire de 8 à 5°/₀ le taux des prêts consentis par cet établissement aux caisses de crédit agricole.

3° Affecter à ces prêts les fonds communaux en dépôt à la Banque.

Celle-ci prête 5°/₀ à des colons et industriels français des sommes considérable., sous la garantie du Gouvernement. Des cas se présentent, paraît-il, où le gouvernement, faisant honneur à sa signature, se propose de payer des dettes d'entreprises où de particuliers européens défaillants par insolvabilité ou mauvais vouloir. Nous nous rappelons tous l'exemple typique de la Bienhoa Industrielle et Forestière. Il n'est pas unique tant s'en faut.

Dans ces conditions on s'explique d'autant moins que la Banque prête à un taux supérieur à 5°/₀ à des agriculteurs annamites, qu'elle exige d'eux cette triple garantie : engagement de propriété pour une valeur triple de celle du prêt sollicité ; garantie du gouvernement ; garantie de tous les membres du syndicat agricole auquel l'emprunteur appartient.

Ces conditions paraissent d'autant moins acceptables que les fonds communaux en dépôt à la Banque de l'Indochine sont productifs d'un intérêt de 2°/₀ soulement.

Ainsi les Annamites prêtent à la Banque à 2°/₀ en retour la Banque leur prête à 8°/₀ aux conditons que l'on sait. Une pareille combinaison est tout à l'avantage de l'établissement financier ; mais les indigènes ont de sérieuses raisons pour n'en être point satisfaits, et ils constatent avec peine que, dans leur propre pays, ils sont les moins favorisés.

Dans son rapport au Conseil colonial, le Gouverdement fait une comparaison de chiffres entre le volume des opérations faites par les Caisses de crédit agricole de France et celui atteint par leurs similaires de Cochinchine en indiquant que celles-ci, pour une population 10 fois moins nombreuse, font des prêts dont l'importance totale est sensiblement le 10% de ceux réalisés dans la Métropole. Mais il oublie de nous dire que la proportion du nombre des agriculteurs par rapport au chiffre de la population entière est plus forte en Cochinchine qu'en France où il existe des Banque de crédit agricole et qu'ici nous en sommes dépourvus.

ADMINISTRATION INDIGÈNE - DÉLÉGUÉS ADMINISTRATIFS

Dans le même document M. le Gouverneur de la Cochinchine a rendu hommage du dévouement et aux mérites des délégués administratifs.

Malheureusement, si la plupart de ces fonctionnaires sont à la hauteur de leur tâche et constituent pour les chefs de province de précieux collaborateurs il en existe qui abusent de leur autorité, pressurent le pauvre nhà-quê et même sont employés à de besognes de police incompatibles avec leur situation.

(vifs applaudissents)

En périodes électorales, certains d'entre eux s'improvisent agents électoraux et font campagne pour les candidats en odeur de sainteté auprès de l'Administration et contre ceux qu'elle estime indésirables. Ils prennent si peu le soin de camoufler leurs manoeuvres quelles sont de notoriété publique. Je n'entrerai pas, Messieurs, dans les détails de certaines histoires des dernières élections agricoles. Et d'ailleurs, à quoi bon, puisqu'ils sont archi-connus de tous.

Je me bornerai seulement à attirer votre attention sur une constatation que j'ai faite avec tristesse !! Ce sont précisément les brebis galeuses dont je viens de stigmatiser les méfaits qui obtiennent avancements rapides, décorations injustifiées, postes de choix et faveurs anormales. — (*Marques d'approbation*).

L'indigène de la brousse en est à se demander qu'elle est la morale à tirer de cette situation paradoxale. Quant à leurs collègue méritants et intègres, ils sont taxés d'indiscipline et sont en butte aux vexations de toutes sortes et souvent on les envoie dans des postes délaignés, sans motif plausible, sans leur demander leur avis préalable, sans leur fournir l'occasion de se justifier.

Je prie respectueusement mais fermement l'Administratio nde mettre un terme à cet état de chose regrettable, de rendre les délégués administratifs à leurs véritables fonctions.

CHEFS DE CANTON

Je suis d'accord avec M. le Gouverneur de la Cochinchine pour déplorer l'insuffisance intellectuelle d'un certain nombre de chefs de canton.

A ce mal, cependant, j'estime qu'il est facile de remédier, sans porter atteinte aux droits acquis. Il suffirait d'exiger à l'avenir, des postulants aux fonctions de chefs de canton, certaine connaissance du Français et du Quôc-ngu. Je crois la Cochinchine arrivée à un degré d'évolution suffisante pour trouver aisément dans chacun de nos cantons des candidats remplissant cette condition.

Pour le mode de recrutement, on pourrait opter pour le concours ou l'élection.

Dans le premier cas, le chef de canton serait fonctionnaire susceptible de déplacement comme ses collègues de la corporation administrative ; on mettrait ainsi fin à ce fait particulier qui veut qu'à l'heure actuelle, le chef de canton soit inamovible, sauf démission ou révocation.

Dans le second cas, il faudrait fixer une limite à la durée du mandat, de façon à avoir constamment des sujets de choix jouissant de la confiance des mandants.

A signaler ici une anomalie.

Jusqu'ici les chefs de canton se recrutent par voie d'élection. Si l'Administration a adopté ce mode, c'est sans doute parce qu'elle estime les électeurs

capables d'user à bon escient de leur bulletin de vote. Or, sous prétexte de décerner des notes de
"moralité" aux candidats de son choix, l'Administration écarte parfois des sujets qui ont obtenu le
plus grand nombre de suffrages.

La haute administration se réserve un droit absolu
de veto en écartant les élus du suffrage et en leur subs-
tituant les seule créatures qu'elle trouve désirables.
ainsi un double résultat, car nul parmi les adminis-
Elle obtient très ne pourra se plaindre des exactions
possibles de chef de canton sans s'entendre opposer
qu'il est nommé par les intéressés eux-mêmes. D'autre part, le fonctionnaire déguisé, passant aux yeux
du public pour avoir la faveur du pouvoir sera tenté
d'en abuser. D'où des abus que l'Administration ferait
bien de faire disparaître en prenant une bonne
fois pour toutes, la ferme résolution de ne plus
jamais s'immiscer dans les élections, sans quoi la
consultation électorale n'aurait plus de raison d'être.
(Applaudissements)

NOTABLES

Le "Livre vert" signale les difficultés que rencon-
tre le recrutement des notables communaux.

Elles s'expliquent par le peu d'avantages dévolus
à ces modestes auxiliaires de l'Administration pro-
vinciale, lesquels, s'ils bénéficient de certaines pré-
séances, se voient souvent obligés de négliger leurs
propres affaires pour s'occuper, sans rétribution au-
cune, de celle de leur village.

Pour parer à ces inconvénients, il est nécessaire
d'accorder une indemnité, dont l'importance varie
avec celle des fonctions et du travail exigé, aux huong
ca, maire, huong-thân. huong hao, huong quan et
luc bô. Vous éviterez ainsi que ces modéstes et dé-
voués seviteurs ne se trouvent amenés à exiger des
recettes illégales pour couvrir leurs dépenses de
service.

CONSEILS DE PROVINCES

Ici, Messieurs, je suis certain d'avance d'être app-
uyé par l'unanimité des vœux. Dans cette enceinte
du Conseil colonial, on a si souvent mis en lumière

les critiques et les reproches adressées à l'organisati-
on actuelle des conseils de provinces qu'il me semble
inutile d'insister.

Nombre de conseillers de province ne savent pas
un mot de français. Ils ne peuvent causer ou discuter
avec l'Administrateur dont ils sont censés être des
collaborateurs, voire des conseillers que grâce au
concours d'interprètes.

Je crois qu'il y a lieu d'exiger des candidats au
Conseil de province à avoir une connaissance du
français suffisante pour soutenir une discussion dans
cette langue. C'est à cette condition seulement qu'en
rapport direct avec l'Administrateur ils rendront
de réels services.

INSTRUCTION PUBLIQUE

Ce n'est plus un mystère pour personne que la
Cochinchine, après 70 d'occupation française, manque encore d'écoles et de maîtres pour l'instruction de la jeunesse annamite.

L'instruction publique doit être en Indochine la
plus grande péoccupation du Gouvernement.

La peuple annamite est en pleine fièvre d'évolution. Il faut tenter pour son instruction, un double
effort : élever son niveau intellectuel et revivifier, au
contact des idées et de la science européenne, son
intelligence accoutumées aux vieilles études chinoises
tout en évitant tout gaspillage d'effort et de temps.

Nous demandons qu'on rende l'instruction primaire
obli.gatoire: il existe dans chaque commune annamité
des locaux disponibles : pagode ou maison commune, qu'on pourrait aménager à peu de frais pour
les transformer en écoles.

Nous manquons de maître pour toutes nos écoles
quelque soit le degré de l'enseignement. Pour en
revenir à l'enseignement primaire, la seule revue
pédagogique, le " Su-Pham-Hoc-Khoa " qui coûte encore plus de 40.000 $ aux divers budgets, ne rend
pas les services qu'on est en droit d'en attendre.

Pour l'enseignement primaire supérieur aussi bien
que pour l'enseignement secondaire les écoles de la
Colonie sont notoirement insuffisantes faute de
places.

D'autre part étant donné le fait que les enfants annamites sont obligés de consacrer plusieurs années à l'étude du Français je demande la suppression de la limite d'âge pour leur admisson dans les classes de l'enseignement secondaire.

Mon dernier vœu a trait à l'enseignement libre. Du moment que le Gouvernement est dans l'impossibilité, faute de ressources budgétaires, d'instruire la totalité de nos enfants, nous demandons la suppression des entraves mises par un arrêté récent à l'enseignement libre.

Tous les établissements d'enseignement quels qu'ils soient doivent pouvoir concourir librement à l'instruction de la jeunesse annamite.

LIBERTE DE REUNION-LIBERTE DE LA PRESSE DE LANGUE ANNAMITE LIBERTE DE VOYAGE.

Ce sont là également des questions qui ont été longuement débattues dans la presse locale. Je ne ferai donc que glisser là-dessus.

D'aucuns estiment que le temps n'est pas encore venu d'accorder aux annamites quelques unes des libertés élémentaires inhérentes à la dignité de citoyen.

La classe instruite de mes compatriotes ne partage pas l'avis de ces hommes qui prétendent traiter les indigènes en éternels mineurs.

Pour ma part, je pense que ce serait faire injure à l'œuvre colonisatrice de la France que d'affirmer qu'après 70 ans de sa tutelle, un peuple qui fut l'égal du Japon et le vainqueur du Siam, est à ce point enfant qu'il ne saurait jouir sans danger de la plénitude de ses droits, alors que ses voisins le devancent de si loin sur le chemin du progrès qu'ils sont traités en égaux par les grandes puissances modernes sans avoir à payer est avanta e du prix de leur indépendance. — *(Applaudissements prolongés)*

SERVICE MILITAIRE

Le Gouvernement a pris une mesure fort impopulaire en portant à 4 ans la durée du service militaire pour les annamites. Cette mesure est d'autant plus inexplicable que nous ne sommes plus en temps de guerre, et que la durée du service a été réduite pour les Français à 18 mois.

Les Annamites ne comprennent pas cette différence de traitement d'autant que vivent sous la protection de la France il n'ont plus de patrie à défendre.

L'agriculture cochinchinoise manque de main d'œuvre. On ne peut donc que regretter le geste du Gouvernement qui enlève pour l'année des bras nécessaires aux travaux des champs.

Messieurs,

Je m'excuse d'avoir si longtemps retenu votre bienveillante attention. Je suis convaincu que vous ne m'en voulez pas pour les nombreuses imperfections que recontre l'expression de ma pensée dans une langue qui n'est pas la mienne. Cependant la somme des années que j'ai consacrées à son étude, les sacrifices faits par mes parents pour assurer mon instruction vous sont un sûr garant que cette langue est bien ma vraie langue d'adoption et que si le ne la possède pas commes mes collègues français, je n'ai pas moins qu'eux d'administration pour sa clarté et sa précision.

Mais, je devais, conscient des devoirs de ma mission vous exposer en toute franchise les désiderata de mes compatriotes.

INTERVENTION DE Mᵉ GALLET

La minorité indépendante de l'Assemblée accueillit ce discours par des applaudissements nourrirs.

A peine cette manifestaiton touchait-elle à sa fin que Mᵉ GALLET se dressa visiblement ému et demandant la parole, livra dans une chaleureuse improvisation et à peu près en ces termes ces réflexions au conseil Messieurs je ne saurais dissimuler l'émotion qu'a fait naître en moi l'exposé des faits articulés dans le magistral discours de mon collègue Mousieur Duoc.

« Je ne puis oublier que ce conseiller est l'élu de cinq provinces à la fois prospères et populeuses, connues plus encore par leur attachement à la cause française que par leur indépendance respectueuse vis-à-vis de l'autorité. — « Je dois me souvenir encore que Monsieur Duoc vient à peine de triompher il y a quelques mois avec une imposante majorité aux élections à la chambre d'Agriculture.....

C'est donc une voix autorisée qui s'élève et qui dans une modération de forme digne de son plaidoyer et de son caractère se fait l'écho dans cette enceinte des revendications jusqu'ici baillonnée de la masse indigène..

Il y a donc dans ce pays *deux vérités*... celle à laquelle les discours officiels d'élus complaisants ou de contrebande nous ont accoutumés aux cours des exhibitions officielles du pourvoir local et des receptions camouflées de Gouverneurs Généraux..... et celle formulée par les représentants autorisés, énonçant sans contrainte, sous compromission les doléances les colères et les légitimes espoirs de l'indigène de la rizière.

« J'interpellerai à la reprise de la discussion le représentant du Gouverneur de la Cochinchine pour obtenir de lui les apaisements nécessaires à la suite du requisitoire que je viens d'entendre et qui n'a laissé personne ici indifférent. —— »

À 9 heures à l'ouverture de la séance Me GALLET mesurant visiblement la portée de ces termes met en demeure le Commissaire du Gouvernement de dissiper ses inquiétudes et de calmes son indignation.

« Ou Monsieur Duoc est un imposteur qui poursuit ici des desseins personnels et il a présenté au Conseil Colonial une série d'articulations mensongères ... alors le représentant du Gouvernement doit le confondre.. ou il a dit vrai, et ses accusations précises, documentées sont fondées. ... alors devant un tel scandale il convient que l'administration se justifie et qu'une enquête soit ouverte. »

« Comme représentant du collège éfectoral Français je ne puis demeurer impassible à l'énumération de fait qui seraient la négation de la politique coloniale Française, la seule compatible avec la doctrine et la dignité du pays. ... »

Monsieur de Tastes, Commissaire du Gouvernement demande à ce moment l'application de l'art 30 du réglement et le retrait de la parole à Me Gallet.

Le président propose l'application l'art 30

M⁰ Gallet s'élève avec véhémence contre une pareille manœuvre et déclare ne rien exprimer que ce qui a pu être dit librement par Monsieur Duoc. Il ne reconnait pas le droit à Monsieur de Tastes de juger, si son intervention a un caractère politique

Le Président — « Nous n'avons pas tous entendu le discours de Monsieur Duoc.

M⁰ GALLET — Raison de plus pour m'écouter....

Approbations de plusieurs Conseillers.

M⁰ GALLET peut poursuivre..........

Se tournant vers le Commissaire du Gouvernement et tenant en mains le texte du discours de Monsieur Duoc il s'écrie ;

« M. répondrez-vous, car nous voulons savoir ? — Est-il vrai que la criminalité s'est accrue dans les provinces dans des proportions inquiétantes malgré les efforts budgétaires consentis pour une sécurité tant vantée ?

Est-il vrai qu'une police politique déguisée en police de sûreté délaisse les malfaiteurs pour ne poursuivre que les delinquants d'opinion ?

Serait-il possible que le seul danger bolchoviste à redouter viendrait uniquement du côté de l'administration, entretenant autour d'elle le mécontentement et la rancœur ?

Doit-on croire que le délégués administratifs ne sont que des « courtiers électoraux » à la solde des fonds secrets et au service des condidatures officielles ? Que ceux qui rebutent à ces besognes pour le strict accomplissement de leur fonction sont « Limogés » dans les provinces éloignés et insalubres ?

Est-il possible que les Chefs de Canton ne soient plus que des créatures gouvernementales sévissant librement sur les populations en échange de quelques complaisances vis à vis du pouvoir local ?

Y-a-t-il vraiment encore des gros centres sans école, des écoles sans maître, un enseignememt primaire sans ouvrage et sans revue, en un mot faut il croire au vaste bluff de « l'œuvre parachevée » de l'instruction publique en Cochinchine ?

M⁰ Gallet harcèle de questions précises se référant à des faits incontestés le représentant de l'administration.. Qui balbutie à nouveau en faveur de l'application de l'article 30.

Il termine par ces quelques mots son improvisation...

« Il ne se peut plus qu'on se taise, l'heure est venue de ces apaisements dont je parlais tout à l'heure, l'émotion que je ressens est partagée autour de moi ; Quel est celui d'entre nous qui prendrait à présent la responsabilité d'un pareil équivoque ?

Si c'est bien une partie de la charte des revendications légitimes de la population annamite que nous venons d'entendre, gardons-nous d'oublier que la masse attend dans l'ordre, dans le travail les réalisations promises et les réformes trop différées ! ! Que le Gouvernement local prenne solennellement ses engagements et renonce à ses errements !

Lorsqu'un peuple a donné tant de preuves d'attachement et de loyalisme on doit à sa patience éprouvée au moins la vérité, surtout quand il la demande par la bouche de ses libres représentants ! Au commissaire du Gouvernement de nous la dire..

" Si vous ne répondez pas, Monsieur Duoc aura dit vrai, notre conviction sera faite ".

Un silence solennel règne dans l'Assemblée

Monsieur de Taste se lève et articule... «Je n'ai rien à répondre, application de l'article 30 ».

Mouvements divers

Monsieur Duoc se lève à son tour et déclare vouloir *poser une question subsidiaire au Commissaire du Gouvernement.*

« Me répondrez-vous cette fois ?.

Qu'est-il advenu de l'enquête promise par Monsieur le Gouverneur de la Cochinchine contre le délégué administratif de Sadec M. Truong-Minh-Giǎng ? Pour cet homme dont j'avais flétri l'attitude et dénoncé les menées quelles ont été les sanctions ?

Le Commissaire du Gouvernement s'écrie indigné qu'il ne répondra pas et invoque l'application de l'article 30.

Le Président retire la parole à Monsieur Duoc.

Monsieur Duoc continue à parler et énumère quelques scandales et les besognes de basse police exécutées par ce délégué à la solde du Gouvernement local.

Le Président intervient à nouveau et lui retire la parole.

INTERVENTION DE Me MONIN

Me Monin intervient à son tour, en proie à une vive indignation.

Il proteste avec énergie contre des procédés aussi arbitraires. Le Président essaie vainement de lui imposer silence.

« Le Gouverneur de la Cochinchine a le droit de parler ici politique, de lancer à la minorité des provocations, de tracer un tableau mensonger de la situation du pays, la minorité n'a que le droit de setaire...

Ce sont toujours les mêmes procédés...

Quand on vient ici dénoncer des exactions et remplir librement son mandat le Président du Conseil d'accord avec le Gouvernement, nous. baillonne ! ! L'opinion publique jugera ; c'est elle seule qui aura à se prononcer...

APPLAUDISSEMENTS DANS L'AUDITOIRE

Le Président fait procéder à une expulsion.
La séance continue...

UN GESTE D'INDÉPENDANCE

Membres français et indigènes du Conseil Colonial. s'étant refusé au vote du Budget de l'année 1926.

MM. Caussin,
      Gallet,
      Labaste,
      Monin,
      Bên,
      Dược,
      Nguyên-phan-Long.

        7 voix contre
        14 voix pour.
      Le Budget fut voté